NATIONAL GEOGRAPHIC

Grupos de animales

Greg Pyers

Contenido

Diferentes tipos de animales **3**

Reptiles **4**

Peces **6**

Anfibios **8**

Aves **10**

Mamíferos **12**

Características de los animales **14**

Glosario **16**

Diferentes tipos de animales

En el mundo, hay millones de tipos de animales. Algunos de estos animales son **vertebrados.** Un vertebrado es un animal que tiene columna vertebral.

columna vertebral

Los animales pueden ordenarse en grupos, o clasificarse. Este libro trata sobre los cinco grupos de vertebrados. Éstos son: reptiles, peces, anfibios, aves y mamíferos.

Reptiles

Los reptiles son un grupo de animales. Los lagartos, las serpientes, los cocodrilos y las tortugas son reptiles. Los reptiles son **de sangre fría:** la temperatura de su cuerpo cambia con la temperatura del exterior. Cuando hace frío, algunos reptiles se ponen al sol para calentarse. Los reptiles tienen el cuerpo cubierto de escamas.

En esta fotografía, es posible ver las escamas de este cocodrilo.

Muchos reptiles nacen de huevos. Un huevo de tortuga es duro y correoso.

Algunos reptiles, como esta serpiente, se calientan al sol.

Características de los reptiles

- tienen escamas
- son de sangre fría
- tienen columna vertebral

Peces

Hay peces de muchas formas, tamaños y colores. La forma del cuerpo les permite moverse con facilidad en el agua. La misma función tienen las aletas. Las escamas protegen el cuerpo de un pez. Las **branquias** son órganos especiales para respirar bajo el agua.

Los tiburones son un tipo de pez. Los tiburones no tienen escamas.

escama

branquia

aleta

La mayoría de
los peces nacen
de huevos.

Características de los peces

- viven en el agua
- tienen branquias
- suelen tener escamas
- son de sangre fría
- tienen columna vertebral

Anfibios

Los anfibios son otro grupo de animales. Las ranas, los sapos y las salamandras pertenecen a este grupo. A diferencia de los peces, los anfibios no tienen escamas.

Al inicio de su vida, un anfibio es un huevo. Después pasa por dos etapas más en su ciclo de vida: una etapa de **larva** y otra de animal adulto. Cuando está en la etapa de larva, un anfibio tiene branquias y vive en el agua. Cuando se convierte en adulto, le salen pulmones y vive en la tierra. Este proceso de cambios recibe el nombre de **metamorfosis.**

La salamandra es un tipo de anfibio.

Los renacuajos son la etapa de larva de las ranas.

Características de los anfibios

- **viven parte de su vida en el agua**
- **pasan por una metamorfosis**
- **no tienen escamas en la piel**
- **son de sangre fría**
- **tienen columna vertebral**

9

Aves

La mayoría de las aves pueden volar. Algunas también pueden nadar. ¡Algunas aves, como las avestruces, no pueden ni volar ni nadar! Las avestruces caminan o corren para desplazarse.

Todas las aves ponen huevos y tienen plumas. Algunas plumas sirven para volar, y otras protegen del frío.

Las plumas ayudan a un águila a remontar el vuelo.

Las aves son animales **de sangre caliente.** Esto quiere decir que su cuerpo tiene una temperatura estable, que no depende de la temperatura exterior.

Las aves nacen de huevos.

Las plumas ayudan a un pingüino a no pasar frío.

Características de las aves

- tienen plumas
- nacen de huevos
- son de sangre caliente
- tienen columna vertebral

11

Mamíferos

Los mamíferos son otro grupo de animales. La mayoría de los mamíferos tienen pelaje o pelo, como los perros y los gatos. Algunos mamíferos, como los elefantes, tienen muy poco pelo en el cuerpo.

La mayoría de los mamíferos paren crías vivas. Las crías maman la leche materna y necesitan del cuidado de sus padres. Algunos mamíferos enseñan a sus crías cómo encontrar comida.

Algunos mamíferos, como esta ballena, viven en el agua.

Características de los mamíferos

- suelen tener pelaje o pelo
- dan de mamar leche a sus crías
- las crías nacen vivas
- son de sangre caliente
- tienen columna vertebral

13

Características de los animales

Observen esta tabla de características de los animales.

Característica	Reptiles	Peces	Anfibios	Aves	Mamíferos
nacen de huevos	con frecuencia	normalmente	normalmente	sí	pocas veces
tienen columna vertebral	sí	sí	sí	sí	sí
son de sangre caliente	no	no	no	sí	sí
dan de mamar a sus crías	no	no	no	no	sí
tienen escamas	sí	normalmente	no	no	no
tienen plumas	no	no	no	sí	no
tienen pelaje o pelo	no	no	no	no	sí

Juego de los animales

- **Se juega por turnos, en pareja.**

- **Un jugador dice una característica de un grupo animal.**

- **El otro jugador dice otro grupo animal que comparta esa característica. Después, dice otra característica sobre el nuevo grupo.**

- **Se siguen diciendo características de cada grupo animal.**

Ejemplo

Jugador 1: Las aves nacen de *huevos*.

Jugador 2: Los anfibios también nacen de *huevos*.

Los anfibios tienen *branquias* y viven en el agua.

Jugador 1: Los peces también tienen *branquias*.

Los peces tienen *escamas*.

Jugador 2: Los reptiles también tienen *escamas*.

Los reptiles tienen *columna vertebral*.

Jugador 1: Los mamíferos también tienen *columna vertebral*.

Glosario

branquias órganos de los peces que les permiten absorber oxígeno del agua

de sangre caliente con una temperatura corporal que se mantiene constante

de sangre fría con una temperatura corporal que depende de la temperatura exterior

larva etapa temprana de la vida de los anfibios (por ejemplo, un renacuajo es la etapa de larva de una rana)

metamorfosis cambios de forma que sufren algunos animales

vertebrado animal que tiene columna vertebral